EXTRA wissen

PFERDE

Joanne Bednall
Ken Oliver

W0185744

Ravensburger Buchverlag

Entwicklung der Pferde

Vor 75 Millionen Jahren sahen die Pferde völlig anders aus als heute. Die allerersten Pferde waren nur etwa hundegroß.

vor 60 Millionen Jahren

Eohippus

vor 40 Millionen Jahren

Mesohippus

vor 25–30 Millionen Jahren

Miohippus

vor 10 Millionen Jahren

Merychippus

vor 6 Millionen Jahren

Pliohippus

vor 1 Million Jahren

Equus caballus

Zähne und Kiefer
Die frühen Ahnen hatten kleine Zähne, mit denen sie an den Pflanzen knabberten. Nach und nach wurden die Kiefer schmaler, der Kopf länger und Schneidezähne bildeten sich aus. Spätere Pferde hatten schwerere Kiefer und breite Backenzähne zum Zermahlen der Nahrung.

Auf Zehenspitzen
Eohippus hatte vier Vorderzehen und drei Hinterzehen, um auf feuchtem Grund sicher laufen zu können. Der Körperbau und die einzelnen Hufe der heutigen Pferde tauchen erstmals bei Pliohippus auf.

Vorgänger
Vor rund 30 Millionen Jahren bewegten sich die Pferde schon so ähnlich wie heute. Equus caballus ist der Urahn aller uns heute bekannten Pferde.

Zebras, Esel und Pferde bilden die kleine Familie der Pferdeartigen.

Niedlich und knuddelig
Hausesel sind nahe mit den afrikanischen Wildeseln verwandt. Typisch sind lange Ohren und ein raues Fell als Anpassung an kühles Klima.

Auffällige Streifen
Die auffälligen Streifen der Zebras sollen Raubtiere und Krankheiten übertragende stechende Insekten verwirren.

Coole Mulis
Diese trittsicheren Mischlinge (die Jungen haben Eltern verschiedener Arten) wurden erstmals vor 3000 Jahren im Nahen Osten gezüchtet.

Bei den absichtlichen Kreuzungen sollen die guten Eigenschaften der Eltern vererbt werden.

Männlicher Esel (Hengst) + weibliches Pferd (Stute) = Muli

Männliches Pferd (Hengst) + weiblicher Esel (Stute) = Maulesel

Wild und ungezähmt
Das Przewalskipferd ist das einzige überlebende prähistorische Pferd.

Das Pferd in der Vergangenheit

„Ich könnte ein Pferd verschlingen!“ – Genau das haben unsere Vorfahren vor tausenden von Jahren getan. Auf 15 000 Jahre alten Höhlenmalereien in Frankreich und Spanien sind Menschen zu sehen, die Pferde jagen und sie dabei über eine Klippe treiben, um Fleisch und Felle zu erbeuten.

Vielseitige Tiere

Vor rund 5000–6000 Jahren entdeckten die Menschen, dass Pferde für viele Dinge gut waren. Sie verfeuerten getrocknete Pferdeäpfel, tranken Stutenmilch und brachten den Pferden bei, Lasten zu tragen, Wagen zu ziehen und Rinder- und Schafherden zu treiben.

Wagenrennen

Wagenrennen war ein beliebter Sport in römischen Arenen und 1500 Jahre lang der Nationalsport der alten Griechen. Die ältesten Darstellungen von Gespannen, die bisher gefunden wurden, sind rund 5000 Jahre alt.

Turniere

Die europäischen Ritter des 15. Jahrhunderts kämpften in Turnieren: Mit stumpfen Lanzen versuchten sie im Zweikampf, den Gegner vom Pferd zu stoßen. Gewonnen hatte, wer im Sattel blieb.

Pferdestärken

Über 200 Jahre lang spielten Pferde als Arbeitspferde eine wichtige Rolle.

Pferdepost
1784 reiste die erste englische Postkutsche in 15 Stunden von Bath nach London. 1860 wurde in den USA der Ponyexpress gegründet. In zehn Tagen legten die Ponys von 3164 km zurück.

Die Industrielle Revolution
In Amerika und Europa wurden Pferde zu vielen Aufgaben herangezogen:

- Sie pflügten und halfen bei der Ernte.
- Sie rangierten Eisenbahnwaggons.
- Sie schleppten Baumaterial für Schiffe in den Werften.
- Sie zogen in Städten Busse, Kutschen, Lasten und Straßenbahnen.
- Sie zogen Kohlewaggons und Aufzüge in Kohlengruben.

Kriegspferde
Auch auf dem Schlachtfeld mussten sich Pferde bewähren:

Die englische und französische Kavallerie ritt 1815 bei Waterloo mehr als 30 000 Pferde.

Im Ersten Weltkrieg (1914–1918) kamen mehr als 1,5 Millionen Pferde zum Einsatz.

Allein die Russen hatten im Zweiten Weltkrieg (1939–1945) 1,2 Millionen Pferde im Einsatz.

Pferde im Arbeitseinsatz

Noch heute verdienen viele Menschen überall auf der Erde ihren Lebensunterhalt mit Pferden. Pferde werden auch bei Paraden eingesetzt.

Polizeipferde

Im verkehrsreichen New York und anderen Großstädten der USA gehören berittene Polizisten zum Straßenbild. In Indien gibt

es mehr berittene Polizisten als in jedem anderen Land der Erde.

In den verschneiten Bergen Schwedens schleppen kräftige Zugpferde Baumstämme aus dem Wald. Über die Hälfte des Holzes wird von Pferden transportiert.

Arbeitspferde

Bretonische Pferde müssen auf den ausgedehnten Feldern und Weingütern Südfrankreichs schwer arbeiten. Sie ziehen auch die Kutschen mit Touristen.

Heiße Zeiten

In der glühenden Hitze von Indonesien ziehen javanische Ponys Touristen in zweirädrigen Karren (Sados) über die Inseln. Die Regierung unterstützt die Ponyzucht, denn Ponys nützen der Wirtschaft des Landes – der Tourismus ist die am schnellsten wachsende Industrie des Landes.

Zur Parade
Am offiziellen Geburtstag der englischen Königin Elizabeth II. gibt es eine große Pferdeparade (Trooping the Colour). Bei solchen Gelegenheiten kommt die Hofkavallerie mit ihren beeindruckenden Trommelpferden zum Einsatz.

Genauso beeindruckend ist die stolze britische Pferdepolizei. Sie patrouilliert über die verkehrsreichen Straßen und sorgt bei Fußballspielen für Ruhe. Die Pferde werden speziell ausgebildet, um in großen Menschenmengen und bei starkem Verkehr ruhig zu bleiben.

Das Superpferd
Auf Tonga, einer Insel im Südpazifik, ersetzen Pferde Fahrrad und Auto. Sie transportieren Reiter, Einkäufe oder landwirtschaftliche Produkte über viele Kilometer vom Markt nach Hause.

Verkehrssicher
In der Landwirtschaft der Philippinen spielen Pferde eine große Rolle. Schwer beladene Ponys müssen sich ihren Weg durch den starken Verkehr des Quirino Boulevard in Vigan suchen.

Nach dem Zweiten Weltkrieg wurden Pferde vor allem im Sport und in der Freizeit geritten.

Hoch und drüber

Springreiten ist wahrscheinlich der bekannteste Pferdesport. Die Reiter müssen Hindernisse wie Gatter, Barren, Tore, Mauern und Kombinationen überwinden. Strafpunkte gibt es, wenn ein Hindernis gerissen wird (vier Punkte) und bei Verweigerung (einmal = drei Punkte; zweimal = vier Punkte); bei drei Verweigerungen wird der Reiter disqualifiziert, fällt er vom

Pferd oder stürzt das Pferd gibt es acht Punkte.

Harte Prüfung

Ein-, zwei- oder dreitägige Prüfungen stammen aus der Armee. Das dreitägige Military-Reiten besteht aus drei Disziplinen: Dressur, Geländereiten und Springreiten. Dabei werden Geschwindigkeit, Ausdauer, Gehorsam und Präzision von Pferd und Reiter geprüft.

Gut geschult

Die Dressur ist der eleganteste Pferdesport. Hier müssen Pferd und Reiter Bewegungsabfolgen auf höchstem Niveau vollführen: Schrittwechsel, Schulterherein, Traversale, Piaffe (Treten auf der Stelle), Passage (langsame Schrittbewegung) und Pirouette (Drehung auf der Stelle). Die Pferde sollten geschmeidig, locker, sicher, lebhaft und aufmerksam sein.

Ballspielen zu Pferd
Polo (oben) entstand vor 2500 Jahren in China und Persien, wurde aber im letzten Jahrhundert zum beliebten Sport englischer Soldaten in Indien. Heute sind wahrscheinlich die Argentinier die besten Spieler der Welt. Zwei Mannschaften mit je vier Spielern versuchen mit langen Schlägern, den Ball ins gegnerische Tor zu schlagen.

Fang!
Was erhält man, wenn man Polo und Lacrosse verbindet? Das australische Polocrosse. Drei Spieler pro Mannschaft versuchen mit einem Netz, das an einem Schläger befestigt ist, den Ball aufzunehmen, Pässe zu schlagen, zu fangen und ins gegnerische Tor zu befördern.

Pferdeball
Ein französischer Rugbyspieler und Reitlehrer hat vor kurzem Pferdeball erfunden. Das Spiel erinnert an eine Mischung aus Basketball und Rugby auf Pferderücken. Vier Spieler versuchen, einen Ball mit Haken zu packen und ihn in den Korb des Gegners zu werfen.

Pfadfinder

Langstreckenreiten ist in eine Ausdauerprüfung (Rennen zwischen 42 und 161 km) und einen Orientierungsritt (eine feste Strecke muss in einer festgelegten Zeit geschafft werden) untergliedert. Dazu müssen sowohl Pferd wie Reiter in Hochform sein. Dieser Sport ist in Amerika, Australien, Neuseeland und Europa beliebt.

Der Sattel der Königinnen

Damensättel entstanden vor rund 600 Jahren in Europa. Bis um 1920 galt es nämlich für Damen als „unschicklich", breitbeinig auf einem Pferd zu sitzen. Nach dem Zweiten Weltkrieg verschwand der Damensattel, wurde aber in den 70er Jahren wieder entdeckt. Damensättel haben zwei Sattelknöpfe (Hörner), einen oberen, geraden und einen unteren gekrümmten, um die Reiterin abzusichern.

Go West!

Das Westernreiten geht auf die spanischen Eroberer zurück, die ihre Pferde mit in die Neue Welt nahmen. Amerikanische und australische Cowboys entwickelten einen besonderen Reitstil. Damit zeigen sie noch heute in Rodeos, wie man Rinder vom Pferd aus mit dem Lasso fängt und umwirft.

Im Fahrersitz

Bei Gespannrennen (Trabrennen) ziehen Pferde „Sulkies“ über spezielle Rennbahnen in Amerika, Australien, Neuseeland, Russland und einigen Ländern Europas. Trabrennen sind auch in Deutschland beliebt. Der Fahrer sitzt – mit Schutzhelm und Brille geschützt – mit gegrätschten Beinen auf dem Sulky.

Der Sport der Könige

Galopprennen im Sommer und die Jagdrennen im Winter (Hindernisrennen und Hürdenspringen) sind wirtschaftlich von großer

Bedeutung. Die Australier sehen beim Melbourne Cup und die Amerikaner beim Kentucky Derby zu. Englands berühmtestes Hindernisrennen ist das Grand National Steeplechase. Ein Vollblut kann Millionen wert sein.

Pferdespiele

Die berittenen Nomaden in Zentralasien waren die Ersten, die Pferdespiele veranstalteten. Viele Kinder und ihre Pferde nehmen heute begeistert an Pony-Klub-Rallyes, Sportfesten und Shows teil. In verschiedenen Wettbewerben werden das Zusammenspiel und die Beweglichkeit von Pferd und Reiter geprüft: Gegenstände vom Boden aufnehmen, Äpfel oder Ringe stechen, über Hindernisse springen.

Farben und Zeichnungen

Ponys und Pferde gibt es in hunderten von Farbkombinationen. Hier sind die zehn wichtigsten.

Braune

Der Körper ist von rötlich braun (wie bei diesem Standardbred-Traber) bis dunkelgolden gefärbt und hat schwarze „Points“: Mähne, Schwanz und Unterfüße. Gelbbraune haben gelbliches bis kastanienbraunes Haar, Rehbraune sehen rötlich aus und Dunkelbraune sind dunkelbraun.

Rappen

Wie dieser Budenny haben Rappen einen schwarzen Körper, schwarze Beine, Mähne und Schweif. Echte Rappen sind gänzlich schwarz mit schwarzen Nüstern.

Gefleckt

Gefleckte Pferde haben meist dunkle Flecken auf weißem Untergrund. Von dem Appaloosa gibt es vier Formen: Schabracken-, Tiger-, Schneeflocken- und Marmorschecken.

Apfelschimmel
Apfelschimmel sind grau mit Ringen aus dunkelgrauen Haaren. Diese Ringe verschwinden mit dem Alter. Die schwarzen und weißen Haare dieses Tersker Pferdes fügen sich zu einem gefleckten Fellmuster zusammen.

Grauschimmel
Wirklich weiß sind nur die Lippizaner. Pferde wie dieser arabische Shagya haben weiße Haare mit wenigen schwarzen dazwischen.

Fliegenschimmel
Fliegenschimmel haben ein helles Fell mit dunklen Stichelhaaren. Mit dem Alter nimmt die Zahl der dunklen Flecke zu.

Eisenschimmel
Der Andalusier hat mehr schwarze als weiße Haare, daher hat er eine blaugraue Farbe.

Fuchs
Füchse, wie dieser schöne französische Traber, haben goldene, gelbe oder hellrötlich braune Haare. Goldfüchse haben mehr gelbe, Schwarzfüchse (die dunkelste Form) sehr viele dunkle Haare in der Farbe von Leber.

Falbe
Dieser Lusitanier ist ein gutes Beispiel für einen Falben – dunkelgelbe Haare mit dunkler Mähne, Schweif, Beinen und dunklem Aalstrich auf dem Rücken. Ein Gelber Falbe ist cremegelb, ein Blauer Falbe grauschwarz mit dunklen Flecken.

Palomino
Der wunderschöne Palomino ist keine echte Rasse, sondern eine Farbvariante. Der Körper darf nicht wesentlich heller oder dunkler sein als eine neu geprägte Goldmünze. Mähne und Schweif sind weiß oder hell cremefarben.

Rotschimmel

Rotschimmel sehen mit ihrer Mischung aus kastanienbraunen und weißen Haaren leicht rosa aus. Blauschimmel sind mit schwarzen, braunen und weißen Haaren bedeckt und Braunschimmel haben weiße und rötlich bis kastanienbraune Haare.

Schecken

Bei den Schecken ist Weiß mit Schwarz oder einer anderen Farbe (Skewbald-Schecken) kombiniert. Buntschecken tragen neben Weiß mindestens zwei weitere Farben. Dieser gescheckte Pinto hat große weiße Flecken, die sich vom Bauch nach oben ziehen. Eine andere Form sind durchgehende Farbflecken, die sich vom Rücken nach unten ziehen.

Schwarzbrauner

Bei diesem Holsteiner sind Fell, Mähne, Schweif und Beine schokoladenbraun.

Unterschiedliche Gesichter

Die Zeichnungen im Gesicht sind charakteristisch für jedes Pferd:

Stern
Hierbei sitzt ein unterschiedlich großes Büschel weißer Haare auf der Stirn zwischen den Augen.

Schnippe
Ein weißer Fleck zwischen den Nüstern des Pferdes.

Schmale Blesse
Eine dünne Linie weißen Haares zieht sich mitten über das Gesicht, meist von der Stirn bis zu den Nüstern.

Blesse
Ein etwas breiterer Streifen, der sich über das ganze Gesicht zieht.

Laterne
Hierbei ist das ganze Gesicht weiß, häufig auch um die Augen herum.

Unterbrochene Blesse
Eine unterbrochene Zeichnung über die Mitte des Gesichtes.

Beinfarben

Auch die Beine des Pferdes können gezeichnet sein.

Weißer Ballen
Nur der Ballen des Pferdes ist mit weißen Haaren bedeckt.

Weiße Hufkrone
Um die Hufkrone zieht sich ein schmaler, weißer Ring.

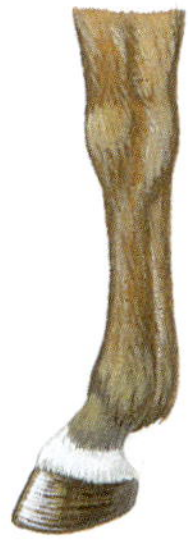

Weiße Fessel
Die weiße Zeichnung erstreckt sich vom Huf über die Fessel und bedeckt teilweise die Röhre.

Weißer Fuß
Jede weiße Zeichnung, die sich bis zum Vorderfußwurzelgelenk erstreckt.

Weiß gefleckte Fessel
Schwarze Flecken auf Fessel oder Fuß.

Zebrastreifen
Dunkle Haarbänder ziehen sich bis zum Vorderfußwurzelgelenk hinauf; häufig bei alten Rassen.

Gut markiert

Pferde können noch weitere Zeichnungen haben …

Krötenauge
Die Augenlider werden von einem hellfarbigen Ring umgeben; häufig bei englischen Exmoor-Ponys.

Glasauge
Die Iris (der farbige Teil des Auges) enthält keine Pigmente und sieht blauweiß aus. Pferde mit weißen Gesichtern haben häufig Glasaugen.

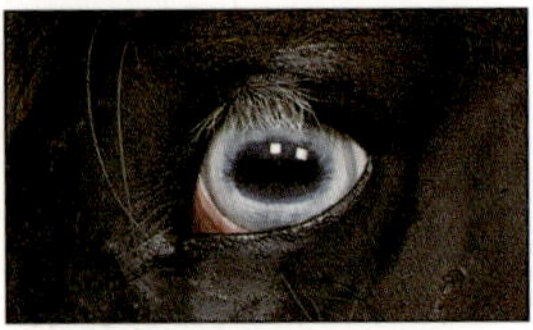

Rücken- oder Aalstrich
Ein dünnes Band schwarzer oder schokoladenbrauner Haare zieht sich über den Pferderücken. Häufig bei Schwarzbraunen, Eseln, Maultieren und ursprünglichen Rassen wie dem Highlandpferd.

Wirbel
Kreisförmige Zeichnungen, die durch Haarwirbel verursacht werden.

Tintenflecken
Dunkle Flecken auf dem Fell.

Blauer Huf
Stahlblaue Hufe gelten als verschleißfest.

Weißer Huf
Angeblich sind weiße Hufe weicher, dafür gibt es aber keinen Beweis.

Gestreifter Huf
Schwarz und weiß gestreifte Hufe sind häufig bei gefleckten Rassen wie dem Appaloosa.

In den verschiedenen Lebensräumen haben sich über 160 Rassen und Formen entwickelt. Hier folgt eine Auswahl; die Karten zeigen die Herkunft der Rasse.

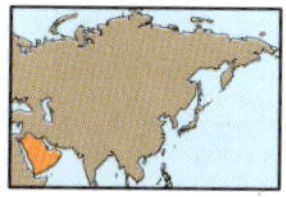

Araber (Naher Osten)
- „schüsselförmiges“ Profil (konkaves Gesicht)
- kleine Ohren
- große Augen und Nüstern
- 142–150 cm
- Fuchs, schwarz, braun oder grau

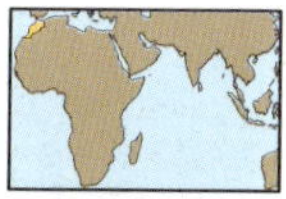

Berber (Marokko)
- Vorfahr von mehr als einem Dutzend Rassen
- sehr schnell auf kurzen Distanzen
- gesund und kraftvoll
- 142–152 cm
- braun, schwarz oder grau

Clydesdale (Schottland)
- wiegt mehr als eine Tonne
- dichte, silbrige Haare über den Hufen
- hochtrabend
- über 162 cm
- grau, braun, schwarz oder Rotschimmel

Niederländisches Reitpferd (Niederlande)

- ausgezeichnet bei Springreiten und Dressur
- ruhig, intelligenter Kopf
- gute, sichere Beine und Füße
- etwa 160 cm
- jede einheitliche Farbe

Exmoor-Pony (England)

- stark
- dichte, fächerartige Haare am Schweifansatz schützen gegen kaltes Wetter
- zweischichtiges, wasserdichtes Winterfell
- 122–123 cm
- braun, Falbe, mit Krötenaugen

Furioso (Ungarn)

- kompakter, starker Körper
- freundlich, intelligenter Ausdruck
- vielseitig, als Reit- und Zugtier
- etwa 160 cm
- jede Farbe, aber meist schwarz oder braun

Gotländer (Schweden)

- niedrig angesetzter Schweif
- sehr ausdauernd
- hervorragend für Springreiten, Trab- aber nicht für Galopprennen
- 120–122 cm
- meist braun, schwarz, Fuchs oder Palomino

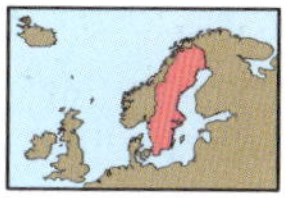

Huzuler Warmblut (Polen)

- stark, widerstandsfähig, sensibel und folgsam
- kompakter Bau
- Trag- und Zugpferd, für die Landwirtschaft in den Karpaten
- 121-131 cm
- Falbe, braun oder gescheckt

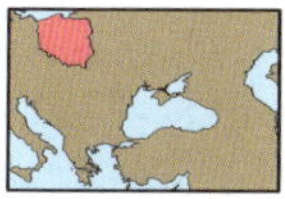

Isländer (Island)

- seit fast 1000 Jahren dürfen keine Pferde nach Island eingeführt werden, um die Rasse rein zu halten
- berühmt für die fünfte Gangart, den Tölt (schneller Schritt)
- 123–140 cm
- 15 Farben, von Albino bis Schwarzfuchs, flachsfarbene (hellgelbe) Mähne und Schweif

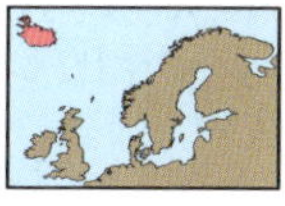

Jütländer (Dänemark)

- kompakter, runder Körper
- typisches Brauereipferd
- gehorsam und freundlich
- 150–160 cm
- immer Rotschimmel oder Fuchs, flachsfarbene Mähne und Schweif

Karbadiner (nördliches Eurasien)

- findet in den nebligen, dunklen, nordkaukasischen Bergen immer seinen Weg
- große Ausdauer
- dicke Mähne und Schweif
- 150–152 cm
- braun und schwarz

Landais (Frankreich)

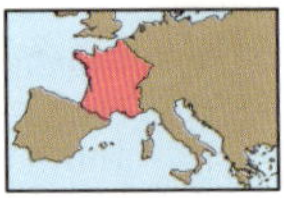

- intelligent und folgsam
- war fast ausgestorben
- dichte Mähne und Schweif
- 113–131 cm
- braun, schwarz oder Fuchs

Mustang (USA)

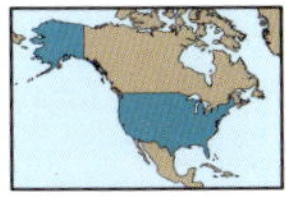

- lebendig, kraftvoll
- läuft kilometerweit über raues Gelände und ist immer noch fit
- dicke Mähne und Schweif, wie seine spanischen Vorfahren
- 132–150 cm
- jede Farbe

Nonius (Ungarn)

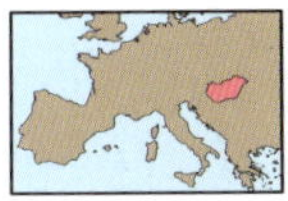

- freier, aktiver Läufer, allerdings nicht für Schnelligkeit bekannt
- ist erst spät ausgewachsen (mit sechs Jahren), lebt aber lange
- gut gebaut und gesund, williger Charakter
- 153–162 cm
- braun, schwarz oder Fuchs

Oldenburger (Deutschland)

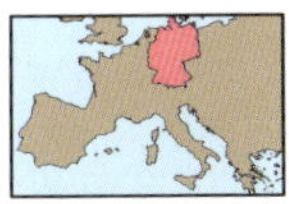

- langer, kräftiger Hals
- kühn und freundlich
- elastischer Lauf und bereitwilliges Temperament – ideal für Dressurreiten
- 162–172 cm
- meist braun oder schwarz; seltener grau oder Fuchs

Paso (Peru)

- drei Formen des Passgangs: Paso Corto (leichte Reisegeschwindigkeit), Paso Fino (schneller, Schaureiten) und Paso Largo (schnell; Geschwindigkeiten von bis zu 26 km/h)
- kompakt und muskulös
- freundlich und intelligent
- 140–150 cm
- meist braun oder Fuchs, aber auch alle anderen Farben

Quarter Horse (USA)

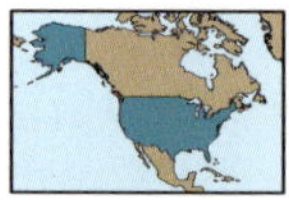

- englische Siedler ließen diese Rasse über eine Viertelmeile (quarter) laufen, daher der Name
- ausgezeichnet zum Viehtreiben, für Rennen, Geländeritte und Rodeos geeignet
- schwere muskulöse Beine
- 143–160 cm
- jede einheitliche Farbe, meist Fuchs oder braun

Rocky Mountain Pony (USA)

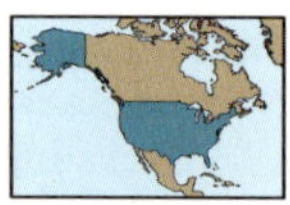

- verträgt kalte Bergwinter
- ruhiges, freundliches Temperament, aber mit Feuer
- 142–150 cm
- bevorzugte Farbe ist das seltene Schokoladenbraun mit flachsfarbener Mähne und Schweif

Sorraia (Portugal)

- stammt vom alten asiatischen Wildesel und dem Tarpan ab
- verträgt Kälte und Hitze
- ist mit mageren Weiden und Heu oder Stroh zufrieden
- 120–130 cm
- grau oder Gelber Falbe

Vollblut (Großbritannien)

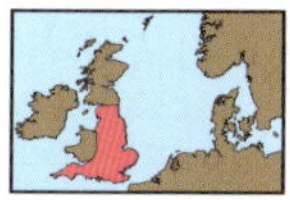

- schnellstes und weltweit hochgeschätztes Pferd
- wird rasch erwachsen; Rennpferde sind zwei Jahre alt, haben aber nur kurze Karrieren
- oft überempfindlich und temperamentvoll
- etwa 160–162 cm
- braun, Fuchs, schwarz oder grau

Ukrainisches Reitpferd (Russland)

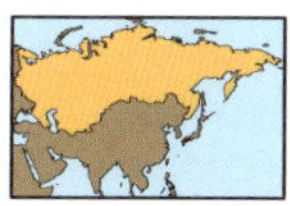

- athletisch, gut für Rennen, Springreiten, Geländereiten und Dressur geeignet
- freundliches Temperament
- großer Kopf, lebendige Augen und muskulöse Beine
- etwa 160 cm
- braun, Fuchs oder schwarz

Wladimirer (Russland)

- wird rasch erwachsen
- freundliches, williges Temperament
- zieht im Dreiergespann; russische Troikaschlitten
- 150–160 cm
- braun, schwarz oder Fuchs

Welsh Cob (Wales)

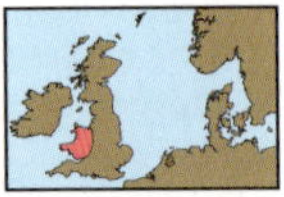

- größere Form des Welsh-Ponys
- gut bei Kutschen-wettbewerben
- frei und kraftvoll in der Bewegung
- 142–152 cm
- Fuchs, braun, schwarz, Palomino, Falbe oder cremefarben; graue sind selten

Russisches Kaltblut (Ostrussland)

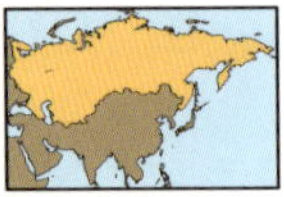

- zottiges Fell mit bis zu 15 cm langen Haaren schützt vor der Kälte
- von den Jakuten als Reit-, Trag- und Zugpferd genutzt
- etwa 120–130 cm
- Falbe, im Winter weiß als Tarnung in der Schnee-landschaft

Reiten lernen

Du willst also Reiten lernen? Dann solltest du zu einem Reitlehrer oder in eine Reitschule gehen. Wenn du bei einem guten Lehrer lernst, wirst du nach und nach sicherer werden.

Die Auswahl der Reitschule

Schau in Zeitungen nach Anzeigen von „Reitschulen" und „Ställen". Beachte folgende Punkte:

- Frage bei anderen nach – Mundpropaganda ist sehr wichtig.
- Pferde und Ponys für Anfänger sollten ruhig und sicher sein.
- Frage nach, ob die Schule Mitglied bei einer offiziellen Reiterorganisation ist.
- Überprüfe, ob die Reitlehrer offiziell zugelassen sind.

Erste Lektion

Für die erste Lektion brauchst du noch keine komplette Reiterkluft, aber du solltest folgende Kleidungsstücke tragen:

- Bequeme Hosen – Leggins, Trainingsanzug oder Jeans (die Nähte könnten allerdings reiben). Vielleicht möchtest du auch eine Reithose kaufen.
- Einen Sturzhelm oder eine Reitkappe, die den Sicherheitsbestimmungen entsprechen. In guten Schulen kannst du einen Helm leihen, aber kaufe sobald wie möglich einen eigenen.
- Schuhe mit flachen Absätzen – keine Turnschuhe. Dann solltest du auf Reithosen (kurze) und lange Reitstiefel aus Leder oder Gummi umsteigen.
- T-Shirt und Sweatshirt oder Jacke, die man ausziehen kann, wenn es zu warm wird.

Was erwartet dich?

Gewöhne dich zuerst an dein Pony – wahrscheinlich ein ruhiger, erfahrener „Schulmeister". Der Reitlehrer hilft dir aufs Pferd und führt dich herum, damit du dich an die Bewegung des Ponys gewöhnen kannst. Die erste Lektion dürfte 30–45 Minuten dauern.

In luftiger Höhe

Aufsitzen

- Stelle dich auf die linke Seite des Pferdes mit Blickrichtung auf den Schweif.
- Nimm die Zügel in die linke Hand. Drehe den Steigbügel mit der rechten Hand nach außen.
- Stelle den linken Fuß in den Steigbügel und schaue auf die Seite des Ponys.
- Greife mit der rechten Hand an den Sattelknopf und stoße dich mit dem rechten Fuß vom Boden ab.

- Schwinge dich mit dem rechten Bein über den Sattel und drehe dabei den Körper.
- Nimm auf dem Sattel Platz. Stelle den rechten Fuß in den Steigbügel und nimm die Zügel.

Absitzen

- Nimm die Füße aus den Steigbügeln. Lege die Zügel in die linke Hand und beuge dich nach vorn.
- Schwinge das rechte Bein über das Pferd und halte dich mit der rechten Hand am Sattelknopf fest.
- Lass dich auf den Boden nieder und beuge die Knie bei der Landung.

Position bitte!

Im Sattel solltest du gerade sitzen, nach vorn schauen und die Absätze nach unten drücken. Halte die Hände in gleicher Höhe und lass deine Beine gerade und eng an den Seiten des Ponys herabhängen.

DIE GANGARTEN

Ponys reagieren auf „natürliche Hilfen“ – deine Hände, Gesäß, Schenkel und Stimme. Du solltest lernen, wie man Schritt, Trab, Kanter (kurzer Galopp) und gestreckten Galopp reitet. Springen gehört auch zu den Lektionen.

Schritt

Eine „Viertakt-Gangart“: Zwei Hufe sind gleichzeitig in der Luft. Druck mit dem Gesäß und den Schenkeln, Hilfestellung mit der Hand.

Trab

Eine diagonale „Zweitakt-Gangart“, die am schwersten zu erlernen ist. Beim Übergang zum Trab werden die Zügel leicht angezogen und Druck mit dem Gesäß und den Schenkeln ausgeübt.

Kanter

Eine „Dreitakt-Gangart“. Am besten bringst du das Pferd aus dem Trab in den Kanter, während du im Kreis oder einen Bogen reitest. Drücke mit dem inneren Schenkel auf den Sattelgurt. Der äußere Schenkel wird etwas hinter den Sattelgurt gelegt.

Galopp

Galopp ist wieder ein „Viertakt“; das Pony streckt sich und wird raumgreifender. Kürze die Steigbügel und die Zügel und beuge dich nach vorn, um den Ponyrücken zu entlasten. Übe nun Druck mit den Schenkeln aus.

Fit bleiben!
Dein Reitlehrer kennt eine ganze Reihe von zusätzlichen Übungen, die du im Sattel machen kannst.

Hoch und hinüber

Ehe du mit dem Springen anfängst, solltest du Schritt, Trab und Kanter sicher beherrschen.

Übe zunächst den vorgebeugten Sitz, indem du über Stangen auf dem Boden reitest (unten), dann kommen kleine Hindernisse. Jeder Sprung besteht aus fünf Phasen: Annäherung, Absprung, Schweben, Landen und Rückkehr zum Ritt.

Sobald das Pony abhebt, verhalte dich folgendermaßen:

- Blicke nach vorn und halte den Rücken gerade.
- Beuge dich in den Hüften nach vorn und hebe das Gesäß leicht aus dem Sattel.

- Verlagere dein Gewicht auf den Absatz.
- Richte dich nach der Landung wieder auf und schau auf das nächste Hindernis.

Los geht's

Frische deine Kenntnis der Verkehrsregeln auf, ehe du losreitest. Reite nie allein und trage reflektierende Kleidung. Für dich, dein Pferd und alle anderen Verkehrsteilnehmer muss die Sicherheit an erster Stelle stehen.

Ein eigenes Pony

Jeder Pferdeliebhaber möchte gern ein eigenes Pony besitzen. Aber bist du wirklich dazu bereit? Antworte mit Ja oder Nein.

Sattelwund

Fühlst du dich im Sattel wohl? Nach mindestens einem Jahr Praxis sollte sich dein Gesäß an den Sattel gewöhnt haben.

Viel Arbeit

Kannst du ausmisten, das Pony aufzäumen und satteln, es füttern und führen?

Wohin mit dem Pony?

Weißt du schon, wo das Pony stehen soll? Nur wenige Menschen können sich den Luxus eines eigenen Stalls und einer Weide leisten. Daher brauchst du einen Mietstall, wo dein Pony stehen kann – das kostet Geld.

Das liebe Geld

Kannst du dir ein Pony leisten? Für den Anfang brauchst du Geld für das Pony, Stallmiete, Zaumzeug, Sattel, Decken, Pflegewerkzeug, Gerätschaft zum Ausmisten, Futter, Stroh, Versicherung, Tierarzt- und Schmiedkosten. Da kommen schnell mehrere tausend Mark zusammen.

Hast du Zeit?

Ponys akzeptieren keine Entschuldigungen – Sportveranstaltungen, Hausaufgaben, Krankheit – sie wollen gefüttert und der Stall muss gesäubert werden. Ein Pony bedeutet eine hohe Verantwortung.

Die Wahl des Ponys

Alles mit Ja beantwortet? Glückwunsch! Du bist bereit für ein Pony. Gab es Neins? Dann denke darüber nach, ein Pony zu leihen, es mit anderen zu teilen oder für das Reiten zu arbeiten.

Der Kauf

Informationen, wo das ideale Pony für dich steht, bekommst du ...

- auf Informationstafeln in Geschäften für Reiterbedarf, Reitschulen und Ställen
- über Anzeigen in Reiterzeitschriften oder Fachzeitschriften
- über Mundpropaganda
- bei seriösen Händlern

Richtig und falsch

Richtig

- Das gewünschte Pony muss vom Tierarzt untersucht werden.
- Nimm einen Fachmann mit, zum Beispiel deinen Reitlehrer.
- Frage, ob das Pony „Macken" hat, ob es verkehrssicher ist und an Stall und Schmied gewöhnt ist.
- Reite das Pony selbst und lass es von dem Besitzer reiten.

Falsch

- Ohne einen Experten zu Auktionen oder Pferdehändlern gehen.
- Auf einem Pony bestehen, mit dem du nicht fertig wirst.
- Aus Angst oder Stolz nicht um Rat fragen.
- Ein zu großes oder zu kleines Pony kaufen.

Wie groß?

Die Größe eines Ponys wird als Stockmaß vom Boden bis zum Widerrist (zwischen den Schulterblättern) gemessen.

Das Pony auf Reisen

Wenn du dein Pony mitnehmen möchtest, zum Beispiel zu einem Wettbewerb, an den Strand oder auf Reiterferien, muss es transportiert werden.

Auf der Straße

Da die meisten Leute keinen eigenen Pferdeanhänger oder -transporter haben, solltest du einen leihen. Es gibt Anhänger für ein oder zwei Pferde, die von einem Allradwagen oder einem starken Pkw gezogen werden.

Reisekleidung

Das braucht dein Pony

- stabile, gepolsterte Bandagen
- Gamaschen, Knieschoner und Gelenkschützer oder spezielle Transportschuhe
- Schweifband und -halter
- Ohrenschützer
- im Winter eine Decke, im Sommer eine leichte Decke über einer Schweißdecke
- Halfter mit Führungsseil

Einladen

Stell dich neben die Schulter des Ponys und führe es gerade auf die Rampe. Wenn es zögert, warte ab, bis es sich beruhigt hat und von allein weitergeht. Führe es ansonsten ein paar Mal im Kreis herum und versuch es noch einmal.

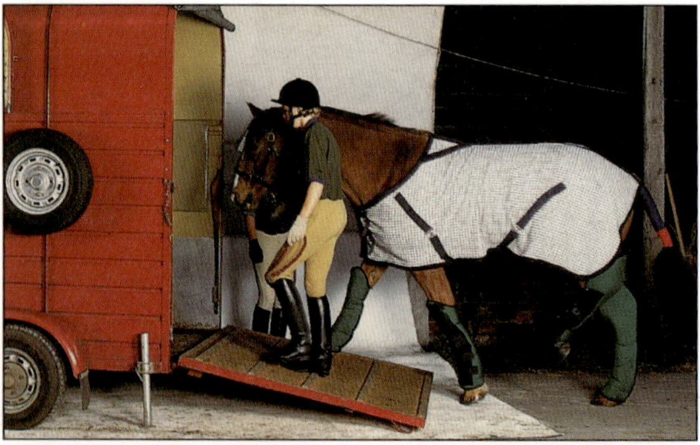

Stallarbeit

Ponys können das ganze Jahr über im Stall stehen oder nur im Winter, in der Nacht oder gar nicht. Selbst wenn dein Pony stets im Freien ist, freut es sich über einen warmen Stall, wenn es krank oder verletzt ist.

Dreimal täglich
Der Stall des Ponys muss dreimal täglich ausgemistet werden. In einem stinkenden, schmutzigen Stall kann es nicht atmen und seine Hufe leiden.

Ohne Schweiß kein Preis
Beim gründlichen Ausmisten musst du Folgendes tun: Entferne die Pferdeäpfel mit dem Abmist-Set und festgedrücktes Stroh mit der Gabel oder einem Mistschieber und lege sauberes Stroh aus.

Gute Nacht
Eine Strohauflage hält das Pony warm, wenn es sich darauf niederlegt, außerdem saugt sie Urin auf. Neben Stroh eignen sich auch Mulch, Sägespäne, Papierschnitzel, Gummimatten und Torf.

Diese stabilen Werkzeuge brauchst du:

Auf der Weide

Gras ist die natürliche Nahrung der Ponys, daher sollten sie so oft wie möglich grasen dürfen.

Die gute Weide

Eine gute Weide erkennst du an …

- guter Drainage.
- ständig frischem Wasser (am besten im Trog).
- stabilen Zäunen; ideal sind Gatterzäune, aber starke Draht- oder elektrische Zäune gehen auch.
- einem Tor aus Holz oder Stahl mit Ketten- oder Riegelverschluss.
- Unterschlupfmöglichkeiten, wie Bäumen, dichten Hecken oder einem offenen Verschlag.
- gutem Gras; am besten – und seltensten – sind alte Wiesen; meist wurde der Untergrund gepflügt oder bestellt.

Die schlechte Weide erkennst du an …

- stark abgeweidetem Gras und unerwünschtem, hohem Unkraut und Gras. Schlechte Weiden brauchen Zeit, um sich zu erholen.
- feuchtem, zertrampeltem Boden oder Rissen.
- Lücken in der Hecke oder hängenden Toren.
- Abfall und giftigen Pflanzen.
- lockerem Stacheldraht, grobem Maschendraht oder Pfählen aus Kastanienholz.
- alten Badewannen als Trog, aus denen noch die Hähne ragen.
- fehlendem Unterstand.

Denk daran …

- Blätter aus dem Trog zu holen, Entwässerungsgräben zu reinigen und Abfälle zu beseitigen.
- giftige Pflanzen herauszuziehen. Gefährlich sind Eibe, Kreuzkraut (unten), Schachtelhalm, Bittersüßer Nachtschatten, Schierling, Fingerhut, Goldregen, Eicheln und Eichenblätter.

- Pferdeäpfel zu entfernen; sie schaden dem Boden und fördern Wurmbefall.

Schutz des Ponys

Halte die Sicherheit deines Ponys nicht für selbstverständlich. Schütze es durch:

- Kennzeichnung mit heißem oder tiefgekühltem Stempel; so erhält dein Pony eine individu-

elle Kennnummer und Diebe werden abgeschreckt.
- Kennzeichnung deines Zaumzeugs. Verstaue Sattel und Zaumzeug in einer abschließbaren Kiste oder kette es an. Sichere den Raum mit einem Vorhängeschloss.
- Vorhängeschlösser gehören auch an beide Seiten des Gatters, so kann es nicht aus den Angeln gehoben werden. Im Idealfall liegt eine Ponyweide abseits von Straßen, Gärten und öffentlichen Wegen.
- Licht, Überwachungskamera, Alarm – denke daran, dass Einbruchsalarm, Überwachungskameras und Sicherheitslampen Diebe abschrecken.

Pflege

Regelmäßiges Abbürsten lockert die Muskeln, reinigt die Haut, lässt das Blut zirkulieren – und dein Pony sieht besser aus.

Sechs Schritte zum supersauberen Pony:

- Augen, Nüstern und Schweifrübe – für jedes einen eigenen Schwamm.
- Kopf – reibe ihn sanft mit einer weichen Bürste (Kardätsche) ab.
- Hals und Körper – entferne trockenen Schlamm, lose Haare und Schweiß mit Plastik- oder Gummistriegel. Dann benutze die Bürste; reinige sie mit einem Metallstriegel.
- Mähne und Schweif – am geeignetsten ist eine Bürste. Nimm zum Kämmen und Ziehen der Mähne einen Mähnenkamm. Feuchte die Mähne vor dem Flechten mit einer feuchten Bürste an.
- Beine – nimm eine harte Bürste.
- Hufe – reinige die Füße mit einem Hufkratzer und bürste den Huf ab. Reibe einen Schuss Huföl darüber.

Hufeisen

Alle sechs Wochen sollte sich ein Hufschmied dein Pony ansehen. Er schneidet die Füße zurecht und wird das Pony bei Bedarf neu beschlagen.

Die Fütterung

Eigentlich ernähren sich Ponys von Gras, wenn du es aber regelmäßig reitest, braucht es – vor allem im Winter – richtige Kraftnahrung.

Das schmeckt

Dein Pony braucht eine ausgewogene Nahrung aus Raufutter, Pellets und Festnahrung. Du kannst sein Futter auch selbst zusammenstellen aus:

- Kleie
- Hafer
- Gerste
- geschrotetem Mais
- Leinsamen
- Zuckerrüben (24 Stunden einweichen)

Denk daran!

Zehn goldene Regeln:

1. Füttere wenig, aber häufig.
2. Gib ihm regelmäßig sauberes Wasser.
3. Veränderungen müssen langsam eingeführt werden.
4. Gib ihm reichlich Heu.
5. Richte die Futtermenge nach Größe, Temperament und Belastung des Ponys aus.
6. Gib ihm täglich saftiges Futter (geschnittene Möhren, Äpfel).
7. Füttere immer zur selben Zeit.
8. Nimm nur gutes Futter.
9. Halte Eimer und Schaufel sauber. Verwahre das Futter in rattensicheren Behältern.
10. Bewege das Pony frühestens eine Stunde nach der Fütterung.

Ändere die Ernährung nicht, ohne einen Experten zu fragen.

Gesundheit

Ein glückliches, gesundes Pony hat ein glänzendes, glattes Fell, einen lebhaften Ausdruck, glänzende Augen und normalen Appetit.

Zeichen für Krankheiten:

- trübe Augen
- wenig Kraft oder Appetit
- es ist teilnahmslos
- es sondert sich von den anderen Ponys ab
- es lässt den Kopf hängen und sieht erbärmlich aus
- mattes, steifes oder raues Fell

In Hochform

Bei fürsorglichen Besitzern kommt das Pony an erster Stelle. Sieh es dir zweimal täglich an, füttere es ausgewogen, schütze es vor schlechtem Wetter und mache alle sechs Wochen eine Wurmkur. Achte immer darauf, dass die Impfungen gegen Tetanus und Pferdeinfluenza frisch sind, dass die Füße regelmäßig gepflegt und die Zähne einmal jährlich abgeschliffen werden.

Pflegebedürftig

Häufige Krankheiten:

Husten – von Halsreizung bis zur Brustentzündung

Lahmen – von Sehnenzerrung bis zu einer ernsten Fußkrankheit

Kolik – schmerzhafte Bauchschmerzen

Laminitis – befällt Füße von zu wenig bewegten oder überfütterten Ponys

Hufgrind – eine stinkende Fußkrankheit, die in schlechten Ställen entstehen kann

Juckreiz – Allergie gegen Mückenstiche

Sattel und Zaumzeug

Der Sattel

Wenn du verschiedene Dinge mit deinem Pony vorhast, dann schaffst du dir am besten einen normalen Reitsattel an. Mit ihm kannst du springen und reiten. Außerdem gibt es Renn-, Western-, Dressur- und Springsättel sowie Sättel für Langstreckenritte und Damensättel.

Reitsattel

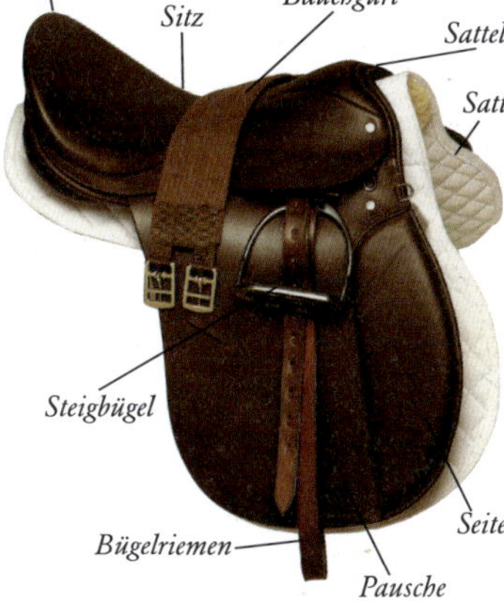

Zaumzeug

Verstellbares Zaumzeug gibt es für Ponys und Reitpferde.

Trensenzäumung

Stück für Stück

Diese Teile brauchst du:

• Bauchgurt • vielleicht einen Sprungriemen • Nasenriemen • Zügel • Steigbügel • Gebiss • Halsriemen • Stiefel • Halfter mit Führungsseil

Aufzäumen

Verwirrt dich das Zaumzeug? Löse zunächst Kehlriemen und Nasenriemen. Nimm das Genickstück in die linke Hand und lege die Zügel mit der Rechten über den Kopf des Ponys. Greife mit der Rechten unter die Kehle und halte die Backenstücke fest. Lege mit der Linken das Gebiss ins Maul des Ponys. Schiebe die Ohren unter das Genickstück, ziehe den Schopf über den Stirnriemen und befestige Kehl- und Nasenriemen.

Satteln
Schiebe die Steigbügel am Bügelriemen hoch und lege den Bauchgurt über den Sattel. Trage Sattel und Satteldecke in der Armbeuge und stell dich auf die linke Seite des Ponys.

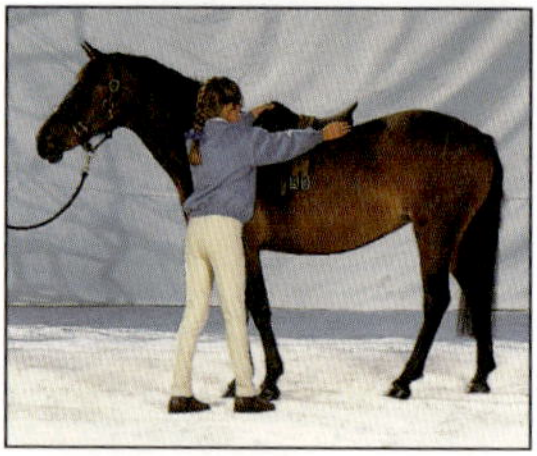

Sei sanft
Lege den Sattel hinter den Widerrist und rücke ihn zurecht. Achte darauf, dass die Satteldecke glatt liegt. Gehe auf die andere Seite, lass den Bauchgurt herunter und schnalle ihn an der linken Seite fest.

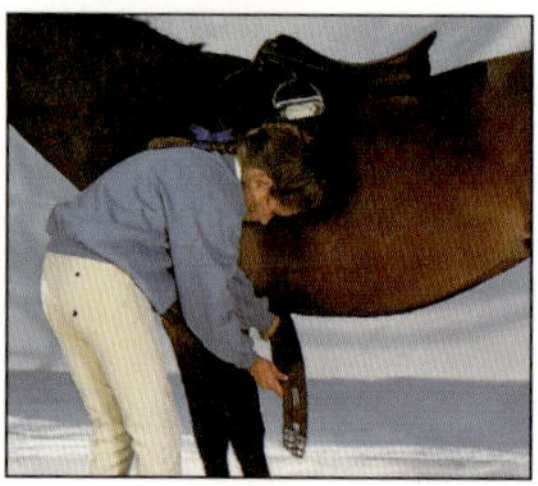

Decken und Schur

Mollig warm
Eine Decke hält dein Pony im Winter warm und trocken und im Sommer kühl und sauber.

Es geht auch ohne
Widerstandsfähige, robuste Ponys brauchen keine Decke. Ihr dickes Winterfell schützt sie vor schlechtem Wetter.

Pferdeanzug
Edle Ponys mit arabischen oder Vollblutahnen müssen – vor allem nachts – im Stall mit einer festen Decke bedeckt werden; für draußen gibt es wasserdichte New Zealand Rugs.
Das Gleiche gilt für geschorene Ponys. Außerdem schützt eine Sommerdecke dein Pony vor Fliegen und Staub; ein Schweißtuch verhindert, dass dein Pony unter der Decke schwitzt.

New Zealand Rug

Warum scheren?
Ponys schwitzen leicht, wenn sie mit zu dickem Fell geritten werden, und fühlen sich dann unwohl. Eine Schur tut ihnen gut.

Kurzschnitt
Unterschiedliche Schurformen:

Trace-Clip

Blanket-Clip

Hunter-Clip

Ein Fohlen wird geboren

Wie es wächst

Ein Fohlen braucht elf Monate für seine Entwicklung im Mutterleib.

2 Monate:

- Länge: der Embryo ist 7–10 cm lang
- Das Geschlecht ist erkennbar
- Die Glieder bilden sich

4 Monate:

- Gewicht: 1 kg
- Länge: 20–23 cm
- Hufe bilden sich
- Haare um die Lippen

6 Monate:

- Gewicht: mindestens 5,5 kg
- Länge: 56 cm
- Der Körper ist behaart

8 Monate:

- Gewicht: 16–19 kg
- Länge: 68–73 cm
- Die Mähne beginnt zu wachsen

10 Monate:

- Starke Gewichtszunahme: 29–33,5 kg
- Länge: 86–94 cm
- Das Fell ist gewachsen

11 Monate:

- Gewicht: 49 kg
- Länge: mindestens 109 cm
- Das Fohlen dreht sich mit dem Kopf zur Geburtsöffnung

Wissenswertes

Zwillinge sind selten – männliche Ponys werden später geboren – Neugeborene stehen nach 30 Minuten auf den Beinen – Pferde leben etwa 25 Jahre.

Berühmte Pferde

Hier lernst du einige Pferdehelden kennen!

Treues Schlachtross
Kaiser Napoleon ritt auf Marengo in die Schlacht. Bei Waterloo (1815) wurde der treue weiße arabische Hengst von den Engländern gefangen und über den Ärmelkanal gebracht.

Ein Superstar
Phar Lap, „das beste Rennpferd aller Zeiten", gewann in den 1930er Jahren fast alle großen Rennen in Australien.

Marathonritt
Nach einer Legende soll der berühmte englische Straßenräuber Dick Turpin, um sich der Verhaftung zu entziehen, auf seiner tapferen Stute Black Bess von London nach York geritten sein, das sind 290 km.

Fliegender Grauer
Mit seinem Reiter, dem englischen Springreiter John Whitaker, war Milton ein so athletischer Springer, dass man ihn den „modernen Pegasus" nannte.

Nationalheld
Englands meistgeliebtes Rennpferd Red Rum gewann dreimal (1973, 1974 und 1977) das Grand National Rennen und brach damit alle Rekorde.

Überlebenskünstler
Obwohl es 1982 in London von Terroristen 38-mal verletzt wurde, überlebte das Pferd Sefton.

Dick Turpin auf Black Bess

Rekorde, Rekorde

Erstaunliche Pferde und ihre Leistungen …

Das teuerste:
Seattle Dancer wurde 1985 in Kentucky (USA) für 13,1 Millionen Dollar verkauft.

Der höchste Sprung:
Der Chilene Kapitän Alberto Morales sprang auf seinem Vollblüter Huaso 2,40 m hoch.

Verblüffende Stunts:
James Robinson schaffte 1856 in Pennsylvania (USA) hintereinander 23 Salti auf dem Pferderücken.

Der längste Schweif:
Der kanadische Palomino Chinook hatte bei 150 cm Stockmaß einen 6,70 m langen Schweif.

Die längste Mähne:
Die Mähne des amerikanischen Pferdes Maud wurde 5,50 m lang.

Das schwerste:
In Iowa (USA) erreichte ein belgisches Kaltblut das Gewicht von 1,44 Tonnen.

Das höchste:
Shire Sampson (auch Mammut genannt) wurde 1846 in Bedfordshire (GB) geboren und wuchs zu 2,12 m Stockmaß heran.

Das kleinste:
Little Pumpkin, ein amerikanischer Falabella-Hengst wurde nur 35,5 cm hoch.

Das älteste:
Old Billy wurde 1760 in Lancashire (GB) geboren und erreichte ein Alter von 62 Jahren.

Hättest du das gewusst?
Das Gehirn eines Pferdes wiegt durchschnittlich 650 g.

Kleines Pferdequiz

1. Was ist ein Maulesel?

a) der Nachkomme einer Pferdestute und eines Eselhengstes

b) eine Unterart des Afrikanischen Wildesels

c) der Nachkomme einer Eselstute und eines Pferdehengstes

2. Welche Gangart ist die schnellste?

a) Galopp

b) Tölt

c) Trab

3. Was versteht man unter „Hilfen"?

a) Bücher über den Reitsport

b) Körpersignale des Reiters an das Pferd

c) Hilfestellung, um in den Sattel zu kommen

4. Mit „Polo" bezeichnet man …

a) eine Figur beim Voltigieren

b) ein Mannschafts-Ballspiel zu Pferd

c) einen Fahrsport-Wettbewerb

5. Wann lebte „Eohippus"?

a) vor rund 5 Millionen Jahren

b) vor rund 20 Millionen Jahren

c) vor rund 60 Millionen Jahren

6. Welches ist die kleinste Pferderasse?

a) Connemara-Pony

b) Fjordpony

c) Shetland-Pony

7. Was ist eine Kardätsche?

a) ein Metallstriegel

b) eine weiche Bürste

c) ein Schwamm

Lösungen:
1c; 2a; 3b; 4b; 5c; 6c; 7b

Register

Danksagung: Shagya Arab – Artaxerxes, Jeanette Bauch und Jens Brinksten; Lusitano – Montemere O'Nova, Nan Thurman, Turville Valley Gestüt; Tersker – Moskauer Hippodrom; Budenny – Moskauer Hippodrom; French Trotter – Pur Historien, Haras National De Compiegne; Standardbred – Rambling Willie, Farrington Stables, Kentucky Horse Park; Pinto – Hit Man, Boyd Cantrell, Kentucky Horse Park; Palomino, Wychwood Dynascha, Mrs G. Harwood, Wychwood Gestüt; Appaloosa – Golden Nugget, Sally Chaplin; Isländer- Leiknir, Kentucky Horse Park; Landais – Hippolyte, Haras National De Pau; Exmoor-Pony – Murrayton Delphinus, June Freeman, Gestüt Murrayton; Welsh Pony of Cob type – Llygedyn Solo, Kitty Williams, Gestüt Glebedal; Niederländisches Warmblut – Edison, Mrs Dejonge; Oldenburger – Renoir, Louise Tomkins; Nonius – Pampas A.G. Kishumseigi; Furioso – A.G. Kishumseigi; Berber -Taws Little Buck, Kentucky Horse Park; Karbadiner – Daufuz, Korache Gestüt; Mustang – Patrick, Kentucky Horse Park; Jütländer – Tempo, Jørgen Neilsen; Wladimirer – Vostorg, Moskauer Hippodrom; Ukrainisches Reitpferd – Bronnitsy Reitschule; Thoroughbred – Lyphento, Mary Evans, Conkwell Grange Gestüt; Carthusian Influence, Adonis Rex, Welsh Pool Andalucian Gestüt, Powys; Holsteiner – Lenard Sue Watson, Gestüt Trenawin; Clydesdale – Blue Print, Mervyn and Pauline Ramage, Mount Farm Clydesdale Horses, Tyne and Wear; Fleabitten – Spinway Bright Morning, Miss S. Hodgkins, Gestüt Spinwas; Welsh Mountain Pony – Blackhill Sparkle, D. + R. Powell, Craswall, Hereford; Gotländer – Ripadals Benni 398, Carina Andersson, Anderslöv, Schweden; Muli – Kentucky Horse Park; Dorsal oder Aalstrich – Ausdan Svejk, John Goddard Fenwick and Lyn Moran, Gestüt Ausdan; Huzuler Warmblut – Lubas, Janusz Utrata; Sorraia – Giro, Portugiesisches Nationalgestüt; Araber – Altruista, Pat and Joanna Maxwell, Lodge Farm Araber Gestüt; Rocky Mountain Pony – Mocha Monday, Rea Swan, Kentucky Horse Park; Paso – Medianoche, D McIntosh; Wellington Riding Ltd. Pagasus of Kilverstone, Lady Fisher, Kilverstone Wildlife Park.
Bildnachweis (o = oben; u = unten; l = links; r = rechts; m = Mitte):
Animal Photography: V. Nikiforov 26u; Robert Harding Picture Library: Alain Evrard 7u, Nigel Francis 6 ml; Bob Langrish: 5ml, 8ml, 10o, 11, 37o

© 1999 Ravensburger Buchverlag Otto Maier GmbH
Alle Rechte, auch die des auszugsweisen Nachdrucks, der fotomechanischen Wiedergabe und der Übersetzung, vorbehalten.
Titel der Originalausgabe: FUNFAX Horse & Pony
© 1998 Funfax Ltd, Woodbridge, Suffolk, England
Übersetzung: Dr. Wolfgang Hensel
Umschlaggestaltung: wg3, Reinhard Raich
Redaktion: Ute Thomsen
Printed in Germany
ISBN 3-473-35822-3

Die Deutsche Bibliothek –
CIP-Einheitsaufnahme

Pferde / Joanne Bednall; Ken Oliver
[Übers.: Wolfgang Hensel]. –
Ravensburg: Ravensburger Buchverl., 1999
(Extrawissen)
Einheitssacht.: Horse & pony <dt.>
ISBN 3-473-35822-3